CARTA ENIGMÁTICA

ALGUMAS PALAVRAS FORAM TROCADAS POR DESENHOS.
DESCUBRA-AS! VEJA AS RESPOSTAS NO PÉ DA PÁGINA!

Era uma vez uma revistinha muito legal chamada *Almanacicleta*. Um dia, uma criança que adora brincadeiras e 🚲 ganhou essa 📖 . Ela ficou muito 😊 ! Nas páginas, vários desenhos irados estavam só esperando para se encher de 🍒 . E também tinha muitas atividades bacanas, como 🔲 , jogo dos 7 ✖️ , trava-👅 , 🐦 ... Ela ficou um bom ⏱️ se divertindo e aprendendo sobre o mundo da bicicleta. E quem é essa criança? Dica:

A cor preferida dela é ⬭ *pinte essa bolinha com sua cor preferida!*

O lugar onde ela mais gosta de andar de bicicleta é _____.
escreva aqui o local onde você mais ama pedalar! ↗

E o maior sonho dela é:

( ) andar numa bicicleta voadora
( ) fazer um passeio ciclístico para Saturno   *marque sua opção favorita!*
( ) ser uma heroína ou um herói: o Superciclista

Acho que agora ficou fácil, né?
Se você já sabe o nome dessa criança, escreva-o abaixo:

CB003057

ESTA REVISTA PERTENCE A: _____.

DIVIRTA-SE! :)
UM ABRAÇÃO DA EQUIPE DO *ALMANACICLETA*!

RESPOSTAS: BICICLETAS / REVISTA / FELIZ / CORES / LABIRINTO / ERROS / LÍNGUA / PIADAS / TEMPO

LIGA-PONTOS

ATÉ QUANTO VOCÊ SABE CONTAR? COMECE DO NÚMERO 1 E SIGA LIGANDO OS PONTOS NA SEQUÊNCIA PARA FORMAR UMA FIGURA MUITO MASSA!

DICA: LIGUE OS PONTOS DE UMA MESMA COR ATÉ O FIM. DEPOIS, COMECE OUTRA SEQUÊNCIA, DE OUTRA COR, ATÉ COMPLETAR O DESENHO!

DESCOBRIU O QUE É? AGORA, É SÓ COLORIR!

ILUSTRAÇÃO: Hendric Sueitt

Supermáscaras!!!

PRECISANDO DE UM DISFARCE? PINTE AS MÁSCARAS E RECORTE PARA SE FANTASIAR DE COELHO MALUCO, CICLISTA SECRETO OU SUPER-HERÓI!

ILUSTRAÇÃO: Lucas Leite (pág. da esq.) e Hendric Sueitt (pág. da d

PARA USAR AS MÁSCARAS, FAÇA UM FURINHO DE CADA LADO E AMARRE UM ELÁSTICO.

OU COLE UM PALITO DE PICOLÉ EM UM DOS LADOS DE DENTRO.

QUEM ♥ BICICLETA PÕE O DEDO AQUI

POR QUE VOCÊ GOSTA DE PEDALAR?
POR QUE ALGUÉM NÃO GOSTA DE PEDALAR?!
MOTIVOS PRA ANDAR DE BICICLETA É QUE NÃO FALTAM

TIRAR AS RODINHAS É DIFÍCIL, MAS, QUANDO CONSEGUE, VOCÊ
SE SENTE INVENCÍVEL

BRINCAR DE POLÍCIA E LADRÃO,
PEGA-PEGA E DE ESCONDER
É MAIS EMOCIONANTE DE BICI

ÀS VEZES PARECE QUE A GENTE
ESTÁ VOANDO

A BICICLETA PODE SER ENFEITADA E PINTADA E
FICAR COM A SUA CARA

VOCÊ GANHA CORAGEM
DE CAIR E LEVANTAR,
PORQUE A VIDA É ASSIM

VOCÊ SE SENTE
MAIS INDEPENDENTE
PARA IR E VIR

DÁ PARA CONHECER A CIDADE FAZENDO **PASSEIOS CICLÍSTICOS**

FAZ BEM À SAÚDE!

VEJA AS VANTAGENS DA BICICLETA PARA O SEU CORPO

DÁ PARA PEDALAR EM **QUALQUER LUGAR:** NA RUA, NA QUADRA, NA PRAIA, NO MATO

VOCÊ SENTE A NATUREZA: OS PINGOS DA CHUVA, **O SOL, O VENTO NO ROSTO**

DESCIDAS, BURACOS, PULOS E RAMPAS DÃO UM DELICIOSO **FRIO NA BARRIGA**

- A COORDENAÇÃO, O EQUILÍBRIO E A MEMÓRIA FICAM MUITO MELHORES
- ESTIMULA O CÉREBRO E OS HORMÔNIOS, DEIXANDO VOCÊ MAIS CALMO E ALEGRE
- O SONO FICA MAIS TRANQUILO
- DEIXA O CORAÇÃO E O PULMÃO MAIS RESISTENTES E COM MAIS FÔLEGO
- A BARRIGA FUNCIONA MELHOR
- PEDALAR SEMPRE PREVINE UM MONTE DE DOENÇAS, COMO DIABETES E HIPERTENSÃO
- AJUDA A MANTER A FORMA
- OS MÚSCULOS E OSSOS FICAM MAIS FORTES

ILUSTRAÇÃO: Hendric Sueitt

Como se chama?

ONDE FICA A CORRENTE? QUEM É A MANOPLA? CADÊ O PEDAL? TESTE SEUS CONHECIMENTOS DANDO O NOME CORRETO A CADA PARTE DESSA BICI!

RESPOSTAS NA PÁG. 35!

ILUSTRAÇÃO: Hendric Sueitt

CAÇA-PALAVRAS

VOCÊ CONHECE AS PARTES DA BICICLETA? ESTA É A LISTA. AGORA VEM O DESAFIO: CORRA PARA ACHAR CADA UMA DESSAS PALAVRAS NA SOPA DE LETRINHAS ABAIXO!

ARO
CANOTE
COROA
CORRENTE
CUBO
GARFO
GUIDÃO
MANETE
MANOPLA
PEDAL
PEDIVELA
PNEU
QUADRO
RAIOS
SELIM

O	A	L	C	U	B	Z	D	Y	B	T	S	Y	D	C	A	F	R	I	X	G	W	H	R	T
A	E	C	A	D	T	I	E	I	C	O	R	P	N	U	Q	U	D	O	S	P	A	I	U	G
C	L	O	T	F	M	B	A	N	G	V	V	M	R	B	I	O	U	F	R	P	O	W	Ç	A
L	D	R	Q	G	R	Z	S	E	L	M	G	U	C	O	A	G	E	N	C	S	E	L	P	N
U	P	O	A	W	U	I	G	F	M	A	Q	A	U	Q	C	G	A	D	T	U	E	I	P	O
B	N	A	E	D	Ã	Y	Z	G	R	N	S	P	A	R	O	C	S	E	L	I	M	R	O	A
Z	Q	T	V	A	A	T	T	W	U	E	R	P	O	S	R	O	C	J	T	M	A	Ç	D	Ã
D	R	Z	G	J	N	B	A	D	C	T	C	S	E	E	N	L	O	V	H	M	Q	H	A	A
Y	S	C	T	R	P	E	D	I	V	E	L	A	S	L	T	B	L	L	Y	K	U	T	S	E
B	E	P	H	G	O	A	V	A	S	J	R	T	U	Y	Ã	A	B	S	J	L	A	E	P	J
T	L	A	Y	C	E	T	B	B	C	A	N	O	T	E	Y	M	A	B	V	B	R	E	N	U
S	A	E	J	O	T	Q	C	X	T	R	F	D	S	A	J	R	M	Z	L	A	F	V	E	V
Y	C	J	V	L	Q	A	A	M	Ç	D	P	A	B	Ç	V	R	R	R	S	M	E	G	U	M
D	O	U	L	Ã	R	E	Z	N	E	T	E	A	G	U	L	A	J	A	B	A	D	P	I	Q
S	R	V	S	A	F	V	A	Q	U	A	D	R	O	J	S	I	P	S	Z	P	R	Ç	O	E
L	R	M	B	M	E	G	E	S	C	T	A	R	J	H	B	O	E	D	R	P	O	Y	U	N
A	E	Q	Z	R	T	T	R	E	P	H	L	A	P	I	Z	S	J	R	M	Ã	S	A	B	Ç
C	N	N	R	J	H	H	T	G	E	I	N	R	S	O	A	G	S	T	O	A	I	M	Z	A
A	T	N	A	P	I	Y	A	U	J	I	U	T	R	Y	C	E	T	B	N	R	Q	C	X	I
F	E	Ç	S	E	W	U	B	I	P	A	I	U	G	J	O	T	Q	C	P	O	A	A	M	J
R	F	A	D	R	C	I	J	D	P	O	W	Ç	A	V	L	Q	A	A	D	T	I	E	I	C
E	I	N	R	S	O	A	G	Ã	S	E	L	P	N	L	B	R	E	Z	F	M	B	A	N	G
I	O	E	T	E	R	E	V	O	G	U	Ç	A	N	E	T	F	V	A	G	R	Z	S	E	L
G	G	A	R	F	O	F	D	G	I	D	A	O	Y	M	A	N	O	P	L	A	R	E	Z	A
W	E	T	Y	L	I	M	A	P	O	I	Ç	A	S	L	Q	T	A	G	M	I	E	I	C	

RESPOSTAS NA PÁG. 35!

11

TRAVA-LÍNGUAS!
SERÁ QUE VOCÊ CONSEGUE FALAR ESSES VERSOS SEM SE ENROLAR? TENTE!

MIKE & CAÍQUE

MIKE TEM BIKE; CAÍQUE, CAIAQUE.
O CAIAQUE DE CAÍQUE NA ÁGUA CAI. MIKE NÃO CAI DA BIKE.
"AI, QUE BIKE BACANA", DIZ CAÍQUE DO CAIAQUE.
"QUE SEU CAIAQUE NUNCA EMPAQUE", REPLICA MIKE DA BIKE.

ROLA?

A RUA ROLA A RODA.
ROLA A CHUVA,
REGA A TERRA,
REGA O RIO,
REGA A RUA.
E NA RUA
A RODA ROLA.

QUE RUA É ESSA?

A RUA DE PARALELEPÍPEDO É TODA PARALELEPIPEDADA.

12

O TEMPO E O VENTO

O VENTO PERGUNTOU PRO TEMPO
QUAL É O TEMPO QUE O TEMPO TEM.
O TEMPO RESPONDEU PRO VENTO
QUE NÃO TEM TEMPO PRA DIZER
QUE O TEMPO DO TEMPO É
O TEMPO QUE O TEMPO TEM.

ILUSTRAÇÃO: Fido Nesti

OHHHH!

NÃO CONFUNDA ORNITORRINCO*
COM OTORRINOLARINGOLOGISTA**,
ORNITORRINCO COM ORNITOLOGISTA***,
ORNITOLOGISTA COM OTORRINOLARINGOLOGISTA,
PORQUE ORNITORRINCO É ORNITORRINCO,
ORNITOLOGISTA É ORNITOLOGISTA,
E OTORRINOLARINGOLOGISTA É
OTORRINOLARINGOLOGISTA MESMO.

*Ornitorrinco:
é um mamífero peludo com bico de pato, que bota ovo e mora nos rios da Austrália

**Otorrinolaringologista:
é o médico que cuida de problemas de ouvidos, nariz e garganta

***Ornitologista:
é um especialista no estudo das aves

ESTÁ CERTO OU

Ouvir música quando anda na rua: certo ou errado?

Errado! Ficar de ouvidos bem atentos é muito importante para a segurança de quem anda pela rua. Quem usa fone de ouvido ou ouve música alta no carro não escuta o barulho dos outros veículos, os alertas das pessoas e acaba ficando desatento. Isso vale para ciclistas, pedestres, motoristas e até passageiros. Nada de bagunça no carro!

Esperar para atravessar na faixa: certo ou errado?

Certo! Os pedestres devem atravessar a rua sempre na faixa de segurança ou em passarelas. Se houver um semáforo para pedestres, é preciso esperar ele ficar verde. Se não houver, o pedestre deve fazer um sinal com a mão pedindo para os carros pararem e só então atravessar, olhando antes para os dois lados.

Passar bem pertinho do ciclista: certo ou errado?

Errado! A lei diz que os carros devem ficar a uma distância de pelo menos 1,5 metro do ciclista. Se o motorista dirige bem perto ou tenta ultrapassar muito colado, pode acabar atropelando o ciclista! Se não couber o carro e a bicicleta lado a lado na rua de forma segura, o motorista precisa esperar a vez atrás do ciclista, sem buzinar nem fazer birra.

ILUSTRAÇÃO: Hendric Sueitt

ERRADO?

TEM COISAS QUE A GENTE ATÉ ESTÁ ACOSTUMADO A FAZER, MAS QUE NÃO SÃO LEGAIS PARA O TRÂNSITO E A SEGURANÇA. DESCUBRA O QUE PODE E O QUE NÃO PODE NA RUA

Caminhar pela ciclovia: certo ou errado?

Errado! Cada um tem seu lugar no trânsito. A calçada existe para os pedestres caminharem com segurança. As ciclovias e ciclofaixas são para as bicicletas. E as ruas e estradas são para os veículos motorizados – e também para bicicletas, se não houver ciclovias. Se cada um andar no seu lugar correto, menos acidentes vão acontecer.

Empurrar a bicicleta pela calçada: certo ou errado?

Certo! Não se deve pedalar pela calçada nem pela faixa de pedestres: elas são o lugar de quem está a pé. De bike, você pode acabar atropelando alguém ou se desequilibrar e cair! Por isso, se precisar ir pela calçada ou atravessar na faixa, desça da bicicleta e vá empurrando. Assim, você ajuda a manter a ordem e a segurança de todo mundo.

Falar no celular enquanto dirige: certo ou errado?

Errado! É proibido usar o celular enquanto dirige. O motorista deve manter as duas mãos no volante e dar toda a sua atenção para o trânsito e o movimento ao redor. O mesmo vale para os ciclistas. Bastam poucos instantes de distração com conversas e mensagens para sofrer acidentes. Sempre lembre os adultos disso!

ACHE NA CENA

Essa cidade é cheia de curiosidades. Será que você vai conseguir encontrá-las?

ILUSTRAÇÃO: Erik Souza

Olhe bem e tente localizar:

- 1 pessoa pedalando com as mãos
- 2 bombas de encher pneu
- 3 animais de estimação praticamente ciclistas
- 1 cesta de piquenique
- 5 capacetes azuis
- 5 membros de uma família
- 16 bicicletas
- 1 menina que gosta muito de ler
- 1 menino pedalando perigosamente

Procure esses desenhos também!

UMA HISTÓRIA MUITO LOUCA

AS BICICLETAS EXISTEM HÁ UM TEMPÃO, MAS NEM SEMPRE FORAM COMO A QUE VOCÊ PEDALA HOJE EM DIA. PASSEIE PELA HISTÓRIA DELAS COLORINDO ESTES MODELOS ANTIGOS

O primeiro **desenho conhecido de uma bicicleta** foi feito pelo pintor, escultor, cientista e inventor italiano Leonardo Da Vinci, há mais de 500 anos! Ela seria de madeira e muito parecida com as bicicletas de hoje, com pedais e corrente, mas o projeto nunca saiu do papel.

A mãe de todas as bicicletas é a **draisiana**, criada pelo barão alemão Karl Drais em 1817. Também de madeira, ela não tinha pedais: era preciso pegar impulso e depois levantar os pés do chão para conduzir a máquina. Era mais rápido do que andar a pé, mas não servia para subidas e descidas.

A draisiana virou moda, mas era muito cansativa. Muitos inventores na França começaram a pensar em formas de facilitar a vida, e em pouco tempo surgiu o **velocípede**, com pedais na roda da frente. Assim, a bicicleta se movia com a força do próprio corpo, por meio das pedaladas.

O inglês James Starley foi um apaixonado por máquinas que decidiu melhorar o velocípede. E assim, em 1870, criou um biciclo conhecido como **roda alta**. Era a máquina de propulsão humana mais rápida inventada até então. A roda da frente era bem maior, feita de acordo com a altura do ciclista.

As bicicletas viraram moda na Europa, por serem mais práticas que as carruagens puxadas a cavalo (não existia carro ainda!). Muitos modelos surgiram, como os **sociáveis**, bicicletas para a família, com dois ou mais lugares, movidas pelas pernas e às vezes também pelos braços.

As rodas gigantes causavam muitos acidentes. Surgiu então a **bicicleta de segurança,** parecida com as de hoje, com duas rodas do mesmo tamanho, o selim entre elas, pedais e corrente. Ficou mais fácil pedalar e a bicicleta se espalhou pelo mundo. As primeiras chegaram ao Brasil em 1898.

ILUSTRAÇÃO: Bernardo França

QUEM É QUEM?

EXISTEM MUITOS TIPOS DE BICICLETA. VOCÊ CONHECE ESTAS? FAÇA O TESTE: LIGUE O NOME DA BICI AO DESENHO CORRETO

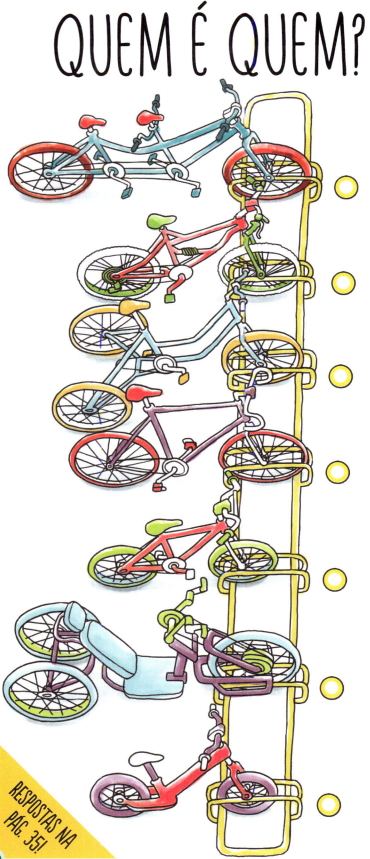

- **BMX**
  É a bike para praticar BMX ou *freestyle*. Pequena e leve, é boa para manobras radicais, curvas difíceis e saltos.

- **BICICLETA DE EQUILÍBRIO**
  Sem rodinhas nem pedais, ensina crianças pequenas, de 2 a 6 anos, a se equilibrar sobre a bicicleta.

- **FIXA**
  Esta é das antigas: não tem freio nem marchas. Se quiser pará-la, precisa pedalar para trás!

- **HANDBIKE**
  Uma bicicleta para pedalar com os braços e as mãos! É usada por cadeirantes e pessoas com deficiência.

- **MOUNTAIN BIKE**
  Com pneus reforçados e muitas marchas, é a melhor para andar em trilhas de terra esburacadas.

- **TANDEM**
  Bicicleta com dois ou mais lugares, um atrás do outro. Quem vai na frente é piloto, e os de trás são o motor!

- **TRICICLO**
  Bicicleta com três rodas: uma na frente e duas atrás. É mais fácil de se equilibrar. Tem para adultos e crianças.

RESPOSTAS NA PÁG. 35!

ILUSTRAÇÃO: Hendric Sueitt

JOGO DOS 7 ERROS

HÁ SETE DETALHES DIFERENTES ENTRE AS DUAS IMAGENS ABAIXO. OLHE COM ATENÇÃO E DESCUBRA QUAIS SÃO!

RESPOSTAS NA PÁG. 35!

ILUSTRAÇÃO: Lucas Leite

AVENTURA EM DUAS RODAS

A BICICLETA É USADA EM VÁRIOS ESPORTES. CONHEÇA ALGUNS DOS MAIS FAMOSOS E RADICAIS! NAS FICHAS A SEGUIR VOCÊ CONFERE AS MANOBRAS, OS ÍDOLOS, O TIPO DE BIKE ESPECÍFICO DE CADA MODALIDADE E OUTRAS CURIOSIDADES! QUAL DELES É O SEU PREFERIDO?

A pista usada é parecida com a de skate

BMX VERTICAL

ONDE É PRATICADO Pistas em forma de U, parecidas com as de skate, que chegam a ter 4 metros de altura.

TIPO DE BICICLETA BMX – pequena, leve, sem banco ou com banco baixo, para facilitar as manobras.

COMO FUNCIONA Os competidores são avaliados pela criatividade e pelo grau de dificuldade das manobras.

ÍDOLO O inglês Jamie Bestwick, atual campeão do X Games (torneio de esportes radicais), ganhou nove medalhas de ouro consecutivas nessa modalidade.

MANOBRA IRADA *Tail Whip* – durante o salto, a bicicleta é girada em torno do eixo da roda da frente.

Fala-se "daun-riu". Em português seria "montanha abaixo"!

DOWNHILL

ONDE É PRATICADO Trilhas em terreno irregular, natural ou artificial, descendo morros ou montanhas.

TIPO DE BICICLETA Mountain bike – reforçada, com muitas marchas e com suspensão, para aguentar impactos.

COMO FUNCIONA Os ciclistas descem a trilha um a um, e vence quem concluir o percurso no menor tempo.

VELOCIDADE ATINGIDA 70 quilômetros por hora.

ÍDOLO O catarinense Markolf Berchtold tem cinco títulos pan-americanos e oito brasileiros na categoria.

MANOBRA IRADA *Blackflip* – depois de passar por uma rampa, o ciclista salta dando uma volta completa de costas.

ILUSTRAÇÃO: Hendric Sueitt

Fala-se "baique-tráial". Trial significa tentativa, experimentação

O atleta usa joelheiras, cotoveleiras e capacete para se proteger em caso de tombo

BIKETRIAL

ONDE É PRATICADO Percurso com obstáculos como cavaletes, troncos, pedras, latões, muros...

TIPO DE BICICLETA Bicicleta de *biketrial*, sem banco (ou com banco baixo) e com pedal alto para facilitar as manobras.

COMO FUNCIONA O objetivo é fazer o trajeto superando os obstáculos. Cada atleta começa com a mesma pontuação e perde pontos se tocar o chão com os pés.

ÍDOLO O escocês Danny MacAskill, que ganhou o prêmio de Aventureiro do Ano da revista *National Geographic*.

MANOBRA IRADA 180 *side hop* – salto em que a bicicleta é levada de um ponto a outro girando 180 graus no ar:

BMX SUPERCROSS

ONDE É PRATICADO Circuito com morros, ondulações e curvas, com 350 metros de comprimento.

TIPO DE BICICLETA BMX – pequena, leve, sem banco ou com banco baixo, para facilitar as manobras.

COMO FUNCIONA Os competidores dão uma volta no circuito, e vence quem chegar primeiro ao final. Os saltos chegam a quase 5 metros de altura!

ÍDOLO A catarinense Squel Stein foi a primeira brasileira a disputar a prova de BMX nas Olimpíadas, em 2012.

MANOBRA IRADA 360 – saltando, o ciclista dá um giro completo em torno de si mesmo no ar:

O guidão curvo permite que o ciclista pedale inclinado para a frente, cortando o vento para ganhar velocidade

CICLISMO DE ESTRADA

ONDE É PRATICADO Ruas ou estradas.

TIPO DE BICICLETA *Speed* – leve e com pneus estreitos, para aumentar a velocidade.

COMO FUNCIONA Os ciclistas largam juntos e vence quem chegar primeiro ao final. Na modalidade contra o relógio, os competidores saem com um minuto de diferença entre cada um e ganha quem percorrer o circuito no menor tempo.

VELOCIDADE ATINGIDA 50 quilômetros por hora.

ÍDOLO O belga Eddy Merckx tem cinco títulos do Tour de France, a mais famosa prova de ciclismo do mundo.

A bicicleta não tem freios! Seria um peso desnecessário, já que a ideia é acelerar ao máximo!

PROVA DE VELOCIDADE EM PISTA

ONDE É PRATICADO Em velódromos – pistas oficiais de ciclismo, com formato oval e curvas inclinadas.

TIPO DE BICICLETA *Speed* – leve e com pneus estreitos, para aumentar a velocidade.

COMO FUNCIONA Pode ser individual ou em equipes. É uma corrida simples: vence quem cruzar primeiro a linha de chegada.

VELOCIDADE ATINGIDA 70 quilômetros por hora.

ÍDOLO A alemã Kristina Vogel, uma policial federal, é a atual líder do ranking mundial da categoria.

Armário do ciclista

PARA SE DIVERTIR COM ESTILO E SEGURANÇA, USE OS ACESSÓRIOS CERTOS!

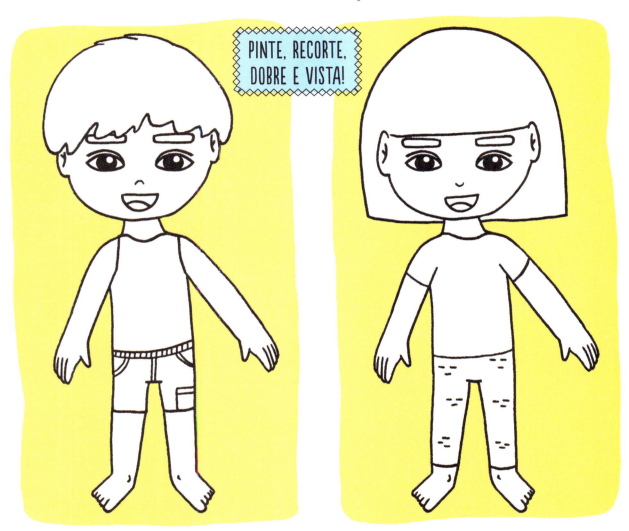

PINTE, RECORTE, DOBRE E VISTA!

TURBINANDO A BICI PARA ANDAR TRANQUILO!

Para pedalar no trânsito é preciso contar com os acessórios mostrados no desenho ao lado. O retrovisor permite ao ciclista ver se algum veículo está vindo por trás. Os refletores e os faróis são importantes para que as outras pessoas enxerguem a bicicleta, evitando acidentes. E a campainha, com seu simpático "trim-trim", diz "Olha eu aqui, cuidado!". Usando esses itens e pedalando com atenção, respeitando as regras do trânsito, você será um exemplo de ciclista para todos!

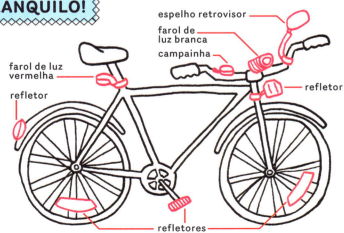

24

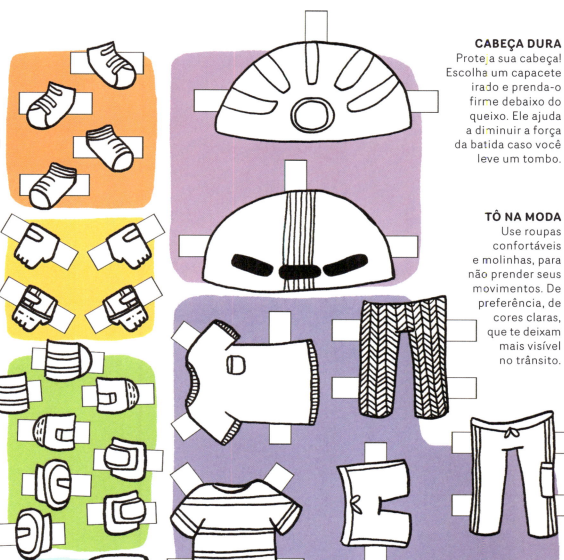

MEU QUERIDO PÉ
Tênis fechados deixam o pé mais firme e seguro. Chinelos e sandálias frouxas podem fazer seu pé escorregar do pedal e até prender na corrente. Ui!

QUE ELEGANTE!
Quem pedala muito pode ficar com as mãos suadas, doídas e com calos de tanto apertar as manoplas. Luvas deixam sua pegada mais firme e protegem a pele!

ANTITOMBOS
Para quem está começando a pedalar ou faz muitas manobras radicais, cotoveleiras e joelheiras ajudam a proteger dos terríveis ralados!

QUE SEDE!
Mantenha-se bem hidratado! Pedalar é um exercício e tanto. Beba água de tempos em tempos para ajudar seu corpo a ficar saudável e com energia!

IGUAL VAGALUME!
Quando se pedala no fim de tarde ou à noite, roupas e acessórios reflexivos, que brilham no escuro, ajudam os motoristas a prestar atenção em você!

ILUSTRAÇÃO: Renata Miwa

CABEÇA DURA
Proteja sua cabeça! Escolha um capacete irado e prenda-o firme debaixo do queixo. Ele ajuda a diminuir a força da batida caso você leve um tombo.

TÔ NA MODA
Use roupas confortáveis e molinhas, para não prender seus movimentos. De preferência, de cores claras, que te deixam mais visível no trânsito.

ESTÁ PRESA! Estacione com segurança! Já que não dá para fechar a bicicleta com chave, procure um lugar para amarrá-la com uma corrente, como um poste ou grade.

ADIVINHAS, CAUSOS E PIADINHAS

A MÃE DO JUCA CONTOU A ELE QUE ESTAVA GRÁVIDA E FOI LOGO PERGUNTANDO:
– O QUE VOCÊ PREFERE GANHAR, FILHO? UM IRMÃOZINHO OU UMA IRMÃZINHA?
E O JUCA, MUITO SINCERO, RESPONDEU:
– OLHA, MÃE, SE EU PUDER ESCOLHER MESMO, PREFIRO GANHAR UMA BICICLETA.

A ANA ESTAVA NA ESCOLA, E A PROFESSORA PEDIU:
– ANA, FALE UMA PALAVRA COM "R".
SEM PESTANEJAR, A ANA RESPONDEU: – BICICLETA!
– MAS, MENINA, ONDE ESTÁ O "R"? – PERGUNTOU A PROFESSORA, INTRIGADA. E A MENINA EXPLICOU:

– NA RODA, ORAS!

O MENINO CHEGA EM CASA NO FINAL DO ANO, TODO PIMPÃO, E DIZ:

– PAI, TENHO UMA NOTÍCIA PRA VOCÊ!!

– O QUE É? – PERGUNTA O PAI, ANIMADO.
– LEMBRA QUE VOCÊ PROMETEU ME DAR UMA BICICLETA SE EU PASSASSE DE ANO?
– SIM, MEU FILHO!
– ENTÃO, SE DEU BEM, PAI! ECONOMIZOU UM DINHEIRÃO!

QUAL É A COISA MAIS DURA PARA QUEM ESTÁ APRENDENDO A ANDAR DE BICICLETA?

O CHÃO!

DOIS AMIGOS ESTAVAM PEDALANDO UMA BICICLETA DE DOIS LUGARES POR UMA SUBIDA MUITO, MUITO ALTA. LEVOU UM TEMPÃO PARA CHEGAREM LÁ EM CIMA, SUADOS E MORRENDO DE CANSAÇO. QUASE SEM AR, UM AMIGO FALOU PARA O OUTRO:

– CARAMBA, ESSA SUBIDA FOI A MAIS DIFÍCIL DE TODOS OS TEMPOS! A GENTE PEDALOU TÃO DEVAGAR QUE ACHEI QUE O FIM NUNCA IA CHEGAR!
E O OUTRO AMIGO, CONCORDANDO:

– POIS É! AINDA BEM QUE EU FIQUEI SEGURANDO O FREIO O TEMPO TODO, SENÃO A GENTE PODERIA TER ESCORREGADO MORRO ABAIXO!

ILUSTRAÇÃO: Ana Marini

DUAS VIZINHAS ESTAVAM CONVERSANDO:
– MEU CACHORRO É UM PROBLEMA. QUANDO OUVE BARULHO, ELE FICA LOUCO DE RAIVA E PERSEGUE QUALQUER UM DE BICICLETA, LATINDO SEM PARAR!
– NOSSA, QUE CHATO! O QUE VOCÊ VAI FAZER?
– ACHO QUE SÓ TEM UM JEITO: VOU TER QUE TIRAR A BICICLETA DELE.

A MÃE ESTÁ SENTADA NA FRENTE DE CASA, BATENDO PAPO COM AS AMIGAS. AÍ O FILHO, QUERENDO CHAMAR A ATENÇÃO, PASSA A TODA VELOCIDADE DE BICICLETA, E GRITA, COM AS PERNAS ABERTAS:

– OLHA, MÃE! SEM OS PÉS!

DALI A CINCO MINUTOS, LÁ VEM ELE DE NOVO NA BICICLETA, COM O GUIDÃO SOLTO, CAUSANDO:

– OLHA, MÃE! SEM AS MÃOS!

MAIS UM POUCO, ELE VOLTA A PASSAR, TODO ALEGRE:

– OLHA, MÃE! SEM OS PÉS E SEM AS MÃOS!

OUVE-SE UM ESTRONDO E ELE VEM MAIS DEVAGAR, COM UM SORRISO ESTRANHO:

– OLHA, MÃE! SEM OS DENTES!

A GAROTINHA ESTÁ PEDALANDO PELA CIDADE E VÊ MOVIMENTO NA IGREJA. DEIXANDO SUA BICICLETA NA CALÇADA, ELA VAI LÁ ESPIAR O QUE ACONTECE. É O VELÓRIO DE UMA SENHORA. A MENINA DÁ UMA OLHADA, SAI DA IGREJA E... VÊ QUE SUA BICICLETA SUMIU, FOI ROUBADA. ARRASADA, ELA SENTA NA CALÇADA E COMEÇA A CHORAR. NISSO, UM SENHOR SAI DA IGREJA, VÊ A MENINA SE DEBULHANDO EM LÁGRIMAS E VAI LÁ CONSOLÁ-LA:
– NÃO FIQUE TRISTE, MENINA! ELA JÁ ERA BEM VELHINHA...
– É, EU SEI... MAS AS RODINHAS DE TRÁS ESTAVAM NOVINHAS!

O QUE É, O QUE É: REDONDA COMO O SOL E TEM MAIS RAIOS DO QUE UMA TROVOADA?

A RODA DA BIKE!

O QUE É, O QUE É QUE NO CARRO TEM UM E NA BICICLETA TEM DOIS?

A LETRA "C"!

É MUITA PISTA
Sabe qual é a cidade com a maior rede de ciclovias? Berlim, na Alemanha. Somando tudo, dá 750 quilômetros – quase a distância entre Salvador e Recife. No Brasil, o recorde é do Rio de Janeiro, que tem 250 quilômetros de vias para bikes.

TEORIA DO OVO
Com a energia fornecida por um ovo (80 calorias), um ciclista pedala por 5 quilômetros. Entre os principais meios de transporte urbanos, nenhum outro é tão eficiente no uso de "combustível". Veja a quantos ovos equivale a energia gasta por cada um deles para percorrer a mesma distância:

A pé
3 ovos

Ônibus
24 ovos

Trem
36 ovos

Carro
84 ovos

NÃO ME DIGA!

QUAL É A BIKE MAIS ALTA DO MUNDO? COMO FUNCIONA O FAROL SEM PILHAS? POR QUE NUNCA ESQUECEMOS COMO PEDALAR? CONFIRA ESSAS E OUTRAS CURIOSIDADES SOBRE O MUNDO DA BICICLETA!

PAÍS DAS BIKES
Já imaginou um país com mais bicicletas do que carros? E mais bicicletas do que pessoas? Esse país existe, é a Holanda! Na capital, Amsterdã, é tanta gente usando a magrela que um dos bicicletários da cidade tem espaço para 8 mil bicicletas.

INESQUECÍVEL
É verdade: andar de bicicleta é algo de que a gente nunca esquece. Essa habilidade é guardada na nossa memória processual – o mesmo lugar onde fica nossa capacidade de construir frases e digitar em teclados. É um tipo de memória tão primitivo que até os animais invertebrados o possuem! Por isso, mesmo que você passe um tempão sem pedalar, só vai precisar subir na bici para se lembrar como se faz!

MÃOS À OBRA
Os ciclistas da cidade de Guadalajara, no México, cansaram de esperar pelo governo. A prefeitura tinha prometido criar ciclovias, mas não pôs a ideia em prática. Então os moradores se uniram e pintaram, eles mesmos, 5 quilômetros de vias para bicicletas. Já pensou fazer o mesmo no seu bairro?

QUANTA BICICLETA!
Existem mais de meio bilhão de bicicletas na China. O país é o que mais vende esse veículo por ano – são cerca de 80 milhões. Depois vem a Índia, com 10 milhões. O Brasil é o terceiro colocado, empatado com Taiwan. Aqui, durante um ano, 5 milhões de bicicletas são vendidas.

RECORDE DE ALTURA
A bicicleta mais alta do mundo, segundo o *Guinness*, o livro dos recordes, mede 6,15 metros. É o equivalente à altura de uma casa de dois andares. Ela foi construída pelo americano Richie Trimble, e funciona mesmo! O recorde foi registrado em 2013.

CUCA PROTEGIDA
Uma empresa sueca inventou um capacete que parece um cachecol. Dentro dele existe um airbag dobrado, que é acionado automaticamente, numa fração de segundo, em caso de colisão. Quando ele infla, parece um capuz, protegendo toda a cabeça.

FAÇA-SE A LUZ
Quando você pedala, produz energia. Alguns faróis usam parte dela para iluminar. Eles são equipados com um mecanismo chamado dínamo, que transforma movimento em eletricidade. Por isso, esse farol acende sem usar pilha.

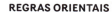

COMPETIÇÃO COLORIDA
No Tour de France, a competição ciclística mais famosa do mundo, a cor das camisetas indica os melhores competidores. Veja o significado de cada uma:

Amarela – *usada pelo corredor com o melhor tempo na classificação geral.*

Verde – *identifica o competidor que está liderando o ranking de pontos.*

Branca com bolinhas vermelhas – *usada pelo ciclista com melhor desempenho nas etapas realizadas em terreno montanhoso.*

Branca – *ciclista com melhor tempo entre os competidores com menos de 25 anos.*

DAS TRINCHEIRAS ÀS RUAS
As primeiras bicicletas dobráveis surgiram na 1ª Guerra Mundial. Os combatentes precisavam de um veículo rápido e prático de carregar. Hoje, elas são muito usadas nas cidades, pois podem ser facilmente carregadas no carro, ônibus ou metrô.

REGRAS ORIENTAIS
No Japão, as leis de trânsito para ciclistas são bastante rígidas. Por exemplo: é proibido dar carona, usar guarda-chuva e falar no celular enquanto se pedala. Se um policial vê alguém fazendo isso, a pessoa leva multa e pode até ser presa!

BICICLETAS DE EMPRESTAR
Cada vez mais cidades têm sistemas de empréstimo de bikes. Há vários bicicletários, e qualquer pessoa, ao usar um aplicativo para celular ou fazer uma ligação, pode liberar uma bike para uso. Em viagens não muito longas, o empréstimo é gratuito.

REINVENTANDO A RODA
Em 2014, o português Jacinto Oliveira criou uma bicicleta com rodas ovais. Ele acredita que, com esse formato, a pedalada cansa menos. Um controle no guidão permite escolher entre as modalidades com ou sem solavancos.

ILUSTRAÇÃO: Heitor Yida e Mateus Acioli

10 MANEIRAS DE VOCÊ AJUDAR A FAZER DAS RUAS UM LUGAR MELHOR

AS RUAS SÃO DE TODOS! SEJA A PÉ, DE BIKE OU DE CARRO, TEMOS QUE COLABORAR PARA DEIXAR O TRÂNSITO MAIS SEGURO. VEJA ALGUMAS FORMAS DE CUMPRIR A SUA PARTE!

1 Nunca saia correndo pelo meio da rua! Você pode ser atropelado ou causar um acidente grave se um veículo precisar desviar de repente de você. Ande sempre pela calçada ou mais próximo dos muros.

2 Sugira ao seu professor fazer uma aula especial sobre as regras de trânsito. É divertido aprender o que cada placa na rua significa!

3 Dirigir pode ser muito estressante. Se seus pais parecerem irritados, tente acalmá-los e evite fazer bagunça no carro para não piorar a situação. Assim, você colabora para que eles possam prestar atenção no trânsito!

4 Muito cuidado ao andar de patins, skate ou bicicleta nas ruas, em esquinas e entradas de garagem. O melhor é ter sempre um adulto junto e preferir brincar em parques, praças e ciclovias, onde não há veículos motorizados.

ILUSTRAÇÃO: Bernardo França

5 Não coloque a cabeça ou os braços para fora da janela nem fique em pé no banco do carro ou do ônibus. Isso pode provocar acidentes sérios. E nunca, jamais, jogue lixo pela janela! Lembre os adultos se eles se esquecerem disso!

6 Ajude a lembrar os adultos de que crianças com até 7 anos e meio precisam de cadeirinhas especiais para andar de carro. Ir na frente, só depois dos 10 anos. E todo mundo precisa usar o cinto de segurança, inclusive os adultos!

7 Quando for passear com seu bicho de estimação, é muito importante levá-lo na coleira para que ele não corra em direção aos carros. Segure firme! Cuide das crianças menores também: elas podem não saber ainda de todos os perigos.

8 Quando uma rua não tiver faixa de pedestre nem passarela, atravesse-a em um lugar reto, sem curvas, para você enxergar o que está vindo. Sempre olhe para os dois lados e espere não ter nenhum veículo passando para poder cruzar.

9 Quando a distância até um destino não for muito grande, sugira sempre ir a pé ou de bicicleta. Além de fazer bem para a saúde, você ajuda a diminuir o trânsito e a poluição.

10 Sempre espere qualquer veículo estar totalmente parado para subir ou descer dele. Fazer isso em movimento é muito arriscado!

PASSE ADIANTE! ENSINE PARA SEUS PAIS E COLEGAS O QUE VOCÊ APRENDEU NO ALMANACICLETA!

TESTE: VOCÊ É UM BOM CICLISTA?

NÃO BASTA APENAS AMAR A BICICLETA. É PRECISO SABER PEDALAR COM SEGURANÇA, CONHECER AS REGRAS DO TRÂNSITO, RESPEITAR AS PESSOAS E TER ESPÍRITO ESPORTIVO! SERÁ QUE VOCÊ É UM CAMPEÃO DA BIKE? FAÇA O TESTE E DESCUBRA!

1) Você está pedalando a toda, e vem uma velhinha atravessando a faixa de pedestres à sua frente. O que você faz?

A) Buzina e grita igual maluco "Sai da frente, doida!"

B) Faz uma manobra radical e passa raspando por ela

C) Reduz a velocidade, freia e espera ela passar

2) Você e seus amigos estão treinando algumas manobras de bike, mas está sendo muito difícil. Como você lida com isso?

A) Desiste de aprender e fica só filmando os amigos, esperando alguém levar um tombo para dar risada

B) Não tem medo de se machucar e faz as maiores maluquices, mesmo que volte todo ralado para casa

C) Vai com calma: observa quem já sabe, pede para te ensinar e vai treinando aos poucos até ficar bom

ILUSTRAÇÃO: Hendric Suei

3) Tem uma subidona pelo caminho. E agora?

A) Pensa em outro caminho ou desce da bicicleta e empurra. "Odeio subidas!"

B) Pensa que pelo menos depois vem uma ladeira pra descer sem freios

C) Pensa que é um novo desafio, e pedala com força no seu ritmo

4) É um lindo domingo de sol e você vai passear na ciclovia. Mas ela está cheia de ciclistas que tiveram a mesma ideia! E agora, como você se comporta?

A) Pedala na contramão, sobe na calçada, vai pela grama, se enfia no meio dos carros: tudo, menos ficar na fila!

B) Vai buzinando e pedalando entre as bicicletas que estão devagar, "costurando" o seu caminho para ir mais rápido

C) Fica de boa, pedalando devagar mesmo com a galera, afinal, você está aqui para curtir a paisagem!

5) Quando você crescer, qual vai ser o seu veículo?

A) Um carro muito grande, potente e veloz

B) Uma moto bem barulhenta e poderosa

C) Uma bicicleta de 21 marchas lindona

RESULTADOS
CONTE AS SUAS RESPOSTAS E VEJA QUAL LETRA VOCÊ MARCOU MAIS VEZES

Se marcou mais letra A, é MEDALHA DE BRONZE!

Você pode ser um grande ciclista. Para isso, precisa ter mais determinação para superar os desafios. E também aprender que não está sozinho no trânsito, por isso deve respeitar as outras pessoas e tratá-las da mesma maneira que você gostaria de ser tratado. Um dos segredos dos campeões é ter muita paciência!

Se marcou mais letra B, é MEDALHA DE PRATA!

Você é um ciclista corajoso, que não tem medo de se arriscar para aprender mais e ir longe. Se quiser se transformar num verdadeiro campeão, deve se esforçar para ser cuidadoso com você mesmo e com os outros. Afinal, só poderá subir ao pódio se não estiver machucado e souber seguir as regras de trânsito!

Se marcou mais letra C, é MEDALHA DE OURO!

Parabéns! Você é um exemplo para todos os ciclistas, sejam adultos ou crianças. Conhece as regras e não precisa de ninguém buzinando na sua orelha para segui-las. Sabe se cuidar e dar a vez a quem precisa. Continue pedalando sempre que puder e busque novos desafios para aprender e superar. Assim, você vai longe!

O QUE ISSO QUER DIZER?

VEJA O SIGNIFICADO DE ALGUMAS PALAVRAS CURIOSAS RELACIONADAS À BICICLETA E AO TRÂNSITO EM GERAL

BICICLETÁRIO - Estacionamento de bicicletas. É uma estrutura em geral metálica, presa ao chão, em que as pessoas podem prender as bikes usando travas ou correntes.

BIKE COURIER - Profissão de quem faz entregas de encomendas usando bicicleta – ou seja, sem poluir! Fala-se assim: "baique curriê". Também pode ser chamado de *bike boy*.

BIKEFIT - Ajuste da bicicleta ao corpo do ciclista. Inclui a altura do selim e do guidão, entre outras regulagens. Serve para evitar lesões e melhorar o desempenho.

CICLOATIVISMO - Luta pelos direitos dos ciclistas e por melhores condições para o uso da bicicleta nas cidades. Exemplo: mostrar à prefeitura a importância de construir ciclovias.

CICLOTURISMO - Viagens em que a bicicleta é usada como meio de transporte. Para ser um cicloturista, você pode ir pedalando até o destino ou levar sua bike para passear por lá.

CICLOVIA - Pista exclusiva para bicicletas. É o local ideal para pedalar nas cidades, pois fica separada das demais vias por uma mureta ou meio-fio. Costuma ser vermelha.

> Há outros dois tipos de caminhos para bicicletas nas cidades:
>
> **CICLOFAIXA -** É uma faixa pintada na rua ou sinalizada com cones (sem mureta nem meio-fio). Quando funciona apenas nos fins de semana, é chamada de ciclofaixa de lazer.
>
> **CICLORROTA -** Caminho indicado aos ciclistas – em geral, em ruas mais calmas. Costuma ser sinalizada com placas. Não é uma rota obrigatória, mas apenas uma sugestão.

CÓDIGO DE TRÂNSITO BRASILEIRO - Documento que reúne todas as leis de trânsito do Brasil, tanto para veículos com motor como para bicicletas e pedestres. Indica o que é certo e errado. Você pode consultá-lo na internet, em bit.ly/1m5oosd. O texto é um pouco complicado, então vale pedir ajuda aos seus pais!

MOBILIDADE URBANA - Se todos os moradores de uma cidade conseguem ir e vir dos lugares de maneira fácil, rápida, segura e confortável, então lá há uma boa mobilidade urbana.

PEDESTRE - Pessoa que caminha, que usa as próprias pernas como meio de transporte. Os condutores de veículos devem estar sempre atentos para não colocar os pedestres em perigo.

PROPULSÃO HUMANA - Uso da força do corpo para movimentar um meio de transporte, como a bicicleta. Outros veículos de propulsão humana são o patinete, os patins e o skate.

SUSTENTABILIDADE - É agir pensando nas consequências para o mundo e para os outros. Carros não são sustentáveis, pois soltam fumaça, sujando o ar que todos respiram.

TRÂNSITO - É o movimento de pessoas e veículos de um lugar para outro. Um trânsito seguro depende de cada um de nós. Quem é gentil e respeita as regras está fazendo sua parte.

TRANSPORTE COLETIVO - Meio de transporte como o ônibus ou o trem, de empresas contratadas pelo governo. Como leva mais gente em menos espaço, é mais sustentável que o carro.

ILUSTRAÇÃO: Hendric Sueitt